I0122992

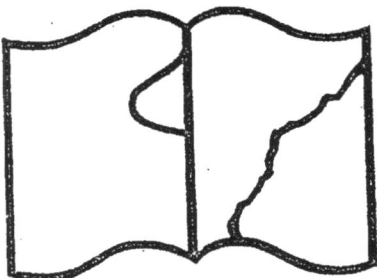

COUVERTURES SUPERIEURE ET INFERIEURE
DETERIOREES

DEBUT D'UNE SERIE DE DOCUMENTS
EN COULEUR

*Pour la Connaissance.* 2b9

# REVUE
# D'ETHNOGRAPHIE

PUBLIÉE SOUS LES AUSPICES DU MINISTÈRE DE L'INSTRUCTION PUBLIQUE
ET DES BEAUX-ARTS

## PAR LE Dᴿ HAMY

Conservateur du Musée d'Ethnographie

*Touye*

---

Dʳ L. TAUTAIN

—

SUR

**L'ETHNOLOGIE & L'ETHNOGRAPHIE**

DES PEUPLES DU BASSIN DU SÉNÉGAL

---

## PARIS
### ERNEST LEROUX, ÉDITEUR
28, RUE BONAPARTE, 28
1885

3
56

## CONDITIONS DE LA PUBLICATION

La REVUE D'ETHNOGRAPHIE paraît tous les deux mois, par fascicules in-8 raisin, de 6 feuilles d'impression, richement illustrées.

| | | | | |
|---|---|---|---|---|
| **Prix de l'abonnement annuel :** | Paris.................... | 25 fr. | » |
| — | — | Départements ............ | 27 | 50 |
| — | — | Étranger................. | 30 | » |
| Un numéro, pris au Bureau............................... | | | 5 | » |

JUDAS (A.-C.) Sur plusieurs séries d'épitaphes libyques découvertes en Algérie. 1868, in-8 . . . . . . . . . . . . . . . . 3 fr.
— Nouvelle analyse de l'inscription libyco-punique de Tugga en Afrique. 1869, in-8. . . . . . . . . . . . . . . . . . . 3 fr.
— Sur plusieurs inscriptions libyques découvertes dans la province de Constantine. Constantine, 1869, in-8 . . . . . . . . . . . 1 fr. 50
— Sur quelques épitaphes libyques et latino-libyques. 1870, in-8. . 1 fr. 50
— Examen des mémoires de M. le Dr Reboud et de M. le général Faidherbe sur les inscriptions libyques. 1871, in-8 . . . . . . 3 fr. 50
JURGIEWITCH (Ladislas). Sur deux inscriptions grecques inédites de la Russie méridionale. 1883, in-8. . . . . . . . . . . . . . 1 fr.
KERVILER (René). Des projectiles cylindro-coniques ou en olive depuis l'antiquité jusqu'à nos jours. 1883, in-8, 1 pl. . . . . . . 1 fr. 50
LA BLANCHÈRE (R. de). Bas-relief du tombeau d'un fabricant de voiles. (Terracine). 1884, in-8, 1 pl. . . . . . . . . . . 1 fr 50
LA NOE (G. de). Le rempart-limite des Romains en Allemagne. 1885, in-8. avec 1 carte et 2 pl. . . . . . . . . . . . . 3 fr.
LEBÈGUE. L'Inopus. 1884, in-8. . . . . . . . . . . 0 fr. 50
LE BLANT (Edmond). Une collection de pierres gravées à la bibliothèque de Ravenne. 1883, in-8, avec 1 pl. . . . . . . . . . 1 fr. 50
— Nouvelles de Rome. Lettre adressée à l'Académie des Inscriptions. 1884, in-8. . . . . . . . . . . . . . . . . 0 fr. 50
LEFORT (Louis). Les scènes de banquets dans les catacombes romaines et notamment dans celle des SS. Marcellin et Pierre. 1883, in-8. . . 1 fr.
LEMAITRE (Raoul). De la disposition des rameurs sur la trière antique. 1883, in-8, 3 planches. . . . . . . . . . . . . . 3 fr.
LE ROY DE SAINTE-CROIX (Dr). Parement d'autel ancien en dentelle et broderie « point conté. » 1874, in-8, avec photographie. . . . 1 fr.
— Notice descriptive, historique et critique sur l'Ombre de la Mort, tableau de M. Holman Hunt. Londres, 1874, in-8. . . . . . . . 1 fr.

# ŒUVRES CHOISIES DE A.-J. LETRONNE
### MEMBRE DE L'INSTITUT
Assemblées, mises en ordre et augmentées d'un index par, E. FAGNAN. 1881-83, 6 beaux volumes in-8, ornés d'un portrait inédit par Paul Delaroche, de dessins, de planches hors texte, etc. . . . . . . . 72 fr.

Première série. Egypte ancienne. 2 beaux volumes in-8. illustrés . 25 fr.
Deuxième série. Géographie et cosmographie. 2 vol. in-8. illustrés. 25 fr.
Troisième série. Archéologie et philologie. 2 vol. in-8, illustrés. . 25 fr.

# ŒUVRES DE A. DE LONGPÉRIER
### MEMBRE DE L'INSTITUT
Réunies et mis en ordre par G. SCHLUMBERGER

Tome premier. Archéologie orientale. Numismatique. Monuments arabes. Un beau volume in-8 de 530 pages, illustré de nombreux dessins dans le texte et de XI planches sur cuivre. . . . . . . . . . . . . 20 fr.
Tome second. Antiquités grecques, romaines et gauloises. Première partie (1838-1861), in-8, de 532 pages, illustré de nombreux dessins et de XI planches hors texte. . . . . . . . . . . . . . 20 fr.
Tome troisième. Antiquités grecques, romaines et gauloises. Deuxième partie (1862-1883), in-8, de 432 pages, illustré, avec IX planches hors texte . 20 fr.
Tome quatrième. Moyen âge et renaissance. Première partie (1837-1858). In-8, de 416 pages, illustré, avec VIII planches hors texte. . . . . 20 fr.
Tome cinquième. Moyen âge et renaissance. Seconde partie (1858-1868). In-8, de 416 pages, illustré, avec XXI planches hors texte. . . . . 20 fr.
Tome sixième. Moyen âge et renaissance. Troisième partie (1869-1883). Antiquités américaines. Supplément. Bibliographie générale. In-8, de 434 pages, illustré, avec IV planches hors texte . . . . . . . 20 fr.
Index général. In-8. (Sous presse.)

ANGERS. IMP. BURDIN ET Cie, RUE GARNIER, 4.

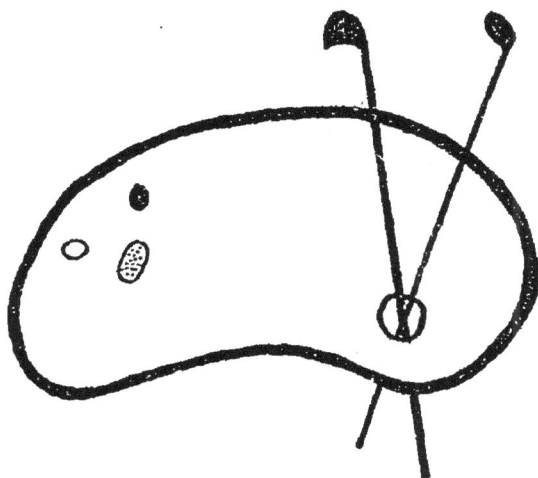

FIN D'UNE SERIE DE DOCUMENTS
EN COULEUR

# ÉTUDES CRITIQUES

# SUR L'ETHNOLOGIE ET L'ETHNOGRAPHIE

## DES PEUPLES DU BASSIN DU SÉNÉGAL

### Par M. le Docteur L. TAUTAIN

Médecin de la mission Galliéni.

*Limitation du travail.* — Lorsqu'au mois de juin 1881, nous rentrâmes du Sénégal et de notre expédition sur la rive droite du haut Niger, nous avions résolu de faire un travail complet d'érudition et d'observations personnelles sur les races qu'il nous avait été donné d'étudier. Mais l'espoir de retourner bientôt dans le pays, la nécessité de faire des recherches bibliographiques étendues, vinrent nous retarder ; bientôt les circonstances nous forcèrent à quitter la France pour une direction bien différente de celle que nous avions tant désirée et nous abandonnâmes à regret nos études commencées.

Pendant ce temps, des travaux d'importance et de mérite divers ont paru, qui nous ont fait renoncer à notre premier plan. Nous nous contenterons au cours de ces études de relever quelques points oubliés, de critiquer les opinions qui nous paraissent fausses ou risquées, les faits mal observés ou mal interprétés, d'introduire un déterminisme, un esprit critique plus sévère qu'on ne l'a fait généralement, en ajoutant quelques détails inédits.

Les questions d'origine qui forcément viennent se présenter à nous, spécialement pour les Foulbé, ne nous arrêteront pas ; car, à notre avis et après un examen fait sans passion, on doit arriver à cette opinion que, au moins pour le moment, toutes les conceptions faites sur cette matière, quand il s'agit des

1

peuples de la Sénégambie, ne sont que des exercices de rhéto-
rique plus ou moins spécieux, plus ou moins séduisants, mais
sans aucune base suffisamment solide. Et qu'est-ce qui four-
nirait une base positive?

Seraient-ce les textes anciens? mais leur briéveté, leur manque
de précision leur donnent une élasticité qui permet de les
employer comme argument en faveur des causes les plus
opposées.

L'histoire? ces peuples n'en ont pas, ou lorsqu'ils en ont une,
elle est tout à fait récente et présente en outre le défaut d'avoir
été faite par eux sans l'esprit critique qui donne une valeur
sérieuse.

Les traditions? mais ceux qui fréquenteront ces peuples et
les questionneront fréquemment en changeant leurs interlocu-
teurs et leurs informateurs, ne tarderont pas à être forcés de
reconnaître que la tradition, la légende n'a aucune valeur parce
qu'elle n'a aucune antiquité; qu'étant presque toujours l'œuvre
des griots elle change d'un village à l'autre, d'une année à
l'autre, suivant toutes les fluctuations de la politique, qu'elle
est improvisée sur le moment en un mot.

L'anthropologie? mais elle est singulièrement incomplète et
les généralisations sont dangereuses.

### DIVISIONS ETHNOLOGIQUES DU SÉNÉGAL

*Divisions.* — Si nous laissons de côté les tribus berbères et
arabes, qui habitent une bonne partie de la rive droite du
Sénégal proprement dit sous les noms plus ou moins justes de
Trarzas, Bracknas, Dowiches et sur lesquels le général
Faidherbe n'a pour ainsi dire rien laissé à étudier, nous nous
trouverons en présence de diverses populations : les Wolofs,
les Sérères, les Peuls, les Toucouleurs, les Soninké ou Sa-
rakhoullé, les Kassonké, les Malinké, les Bambaras sur lesquels
beaucoup reste à faire dans toutes les branches des sciences
anthropologiques.

Nous allons donc apporter notre contingent de faits, en

regrettant que les circonstances l'aient fait si petit, tant en comparaison de ceux qui restent à étudier, qu'en comparaison de la bonne volonté, de l'ardeur qui nous animait et nous anime encore.

Sans donner maintenant les raisons qui nous guident et qui trouveront leur place plus facilement et plus naturellement dans chaque chapitre, disons que nous divisons les populations en trois groupes principaux à l'exemple du général Faidherbe.

Deux groupes nègres : 1° le groupe Wolof (Wolofs et Sérères); 2° le groupe Mandingue (Soninké, Malinké, Bambara, etc.)

Un groupe rouge : 3° le groupe Phoul que nous subdiviserons en deux : Foulbé purs et métis des Foulbé avec des races diverses[1].

## I

### LES WOLOFS ET LES SÉRÈRES

Il semblerait que ce groupe doive être parfaitement connu. Depuis longtemps nous sommes en relation avec ces peuples et nous vivons au milieu d'eux dans plusieurs de nos établissements. Cependant on peut affirmer que la moitié de l'ethnographie, toute l'anthropologie et même la linguistique restent encore à faire. Ce n'est pas toujours que les travaux manquent, mais bien qu'ils ont été trop souvent faits sans aucun esprit scientifique.

*Domaine des Wolofs.* — Les Wolofs occupent comme peuple,

---

1) Nous nous sommes servis, pour représenter certains sons inconnus dans nos langues, de lettres et de signes conventionnels.

*D'i* représente le *d* mouillé son intermédiaire au *d* et au *g*;

*T'i* — *t* mouillé — au *t* et au *k*;

*Kh* — *kha* arabe ou la *jota* espagnole:

*Qh* — *qof* arabe;

*W* — son *ou* lorsqu'il paraît avoir une valeur de consonne comme en arabe;

*Gh, rh* — *grain* arabe.

Nous n'avons pas cru devoir séparer l'N (ou M) initial commun dans les mots de la Sénégambie par une apostrophe, parce que ce son fait partie intégrante du mot, qu'il ne représente pas une élision, qu'il n'est pas un reste de son perdu. On écrit Tchad, on peut écrire Ndiago. — En outre toutes les lettres doivent se prononcer dans nos mots.

comme nation les régions désignées sous les noms de Cayor, Walo, D'iolof, Saloum. Ils forment en outre, soit purs, soit mélangés et métissés, la majeure partie du Fouta sénégalais; enfin partout, dans la Sénégambie, nous les trouvons en colonies plus ou moins nombreuses.

*Leur nom, son origine.* — Leur nom nous paraît venir de la racine *Wo*, appeler, parler, les gens qui savent parler. Barth a proposé une autre explication de ce nom. Il est vrai que pour lui le mot est *Olof* et que l'on dit indifféremment Ouolof ou Iolof, ce qui est une première erreur; on n'a jamais pu dire pautrement que Wolof et l'erreur des anciens auteurs vient de ce qu'ils ont pris le nom d'une des nations (D'iolof) pour celui de la race.

Pour Barth donc *olof* veut dire *noir*, il est le contraire de *poul* qui voudrait dire *rouge*; dans ce cas je pense que le *ou* initial serait le déterminatif poular *o*; mais il me semble que dans cette hypothèse *wo* ne formerait pas une seule syllabe, mais bien deux sons *ou-o*; tandis qu'il n'y a bien réellement qu'un seul son; c'est cette raison d'ailleurs qui nous fait adopter la consonne voyelle *w* anglais.

Olof n'a jamais d'ailleurs signifié noir pas plus en wolof qu'en poular, et je suis convaincu que Barth a été victime d'un mode de langage très commun chez les nègres et qui consiste à opposer deux termes concrets au lieu de termes abstraits, Français à Wolof par exemple, comme je l'ai vu faire bien souvent; Français ne veut pourtant pas dire blanc, que je sache, dans aucun idiome sénégambien.

*Réflexions sur les caractères physiques.* — Je ne recommencerai pas la description des Wolofs. Je n'ai rien à y ajouter, n'ayant pu faire d'anthropométrie. Je me contenterai de faire deux observations.

On dit toujours que les Wolofs ont des traits agréables et que l'on rencontre fréquemment chez eux des physionomies, des visages qui, sauf la couleur, sont européens. Il ne faut pas prendre cela au pied de la lettre; la personne qui est restée assez long-temps dans un pays nouveau voit les choses sous un tout autre aspect que l'arrivant; c'est le manque d'éléments suffisants de comparaison qui est la principale cause de ce changement; il faut ajouter que l'on finit par juger la chose en soi et sans la rapporter à un idéal, ou à un type étalon. La beauté des Wolofs est donc absolument relative. Quant à l'orthognathisme il es$_t$ exceptionnel au même titre que le prognathisme chez nous; e$_t$ je suis persuadé que c'est à cause de sa rareté même qu'il a frappé beaucoup de personnes et les a amenées à s'en souvenir et à en parler.

Au cours d'un mémoire fort intéressant, un excellent obser-vateur, le docteur Corre paraît admettre que l'ensellure que l'on observe chez les Wolofs, pourrait bien provenir du poids de l'énorme ceinture de verroterie que portent les femmes et n'être *qu'une attitude prise* pour faire contrepoids. Mais, même anato-miquement, l'angle sacro-vertébral est réellement plus accusé que chez les peuples européens. Certaines races nègres ne portent pas de ceinture et on observe chez elles la même ensel-lure. Au cas où l'on croirait devoir chercher une explication en dehors de l'influence de race, nous admettrions volontiers que le port de l'enfant sur le dos a amené une modification anato-mique transmise, augmentée et fixée par l'hérédité.

*Langue des Wolofs.* — Les Wolofs parlent une langue des plus nettement agglutinantes. Les racines, suivant qu'elles sont accompagnées de tel ou tel affixe (le plus fréquemment suffixe), prennent une valeur substantive, verbale, adjective et même adverbiale, avec toutes les modalités que présentent quelques-unes de ces parties du discours, et restent bien entendu formelle-ment invariables. Souvent même dans le cours d'une phrase on voit les affixes supprimés et les racines (à valeur verbale par exemple) usitées toutes sèches. *Iallah dindi ieup* par exemple : Dieu a tout enlevé, pour *Ialla dindi-naieup.*

La langue ne comporte pas de genre. Le nombre pour les racines substantives s'exprime par le changement du suffixe.

ETHNOLOGIE ET ETHNOGRAPHIE

*Bour-ba*, le roi ; *Bour-i*, les rois. C'est en effet une des particularités intéressantes du wolof de présenter un article défini.

Certains auteurs ont décrit un verbe parfaitement caractérisé et ont été bien plus loin en prêtant à ce verbe des formes analogues aux formes du verbe arabe. Il semblerait cependant que pour cela, il serait nécessaire de montrer une flexion analogue à la flexion sémitique, donnant lieu à de véritables *dérivés* et non pas des mots formés par l'adjonction ou d'une racine (adverbe ou préposition), ou d'un affixe. On songe involontairement, lorsqu'on a sous les yeux des exemples de ces prétendues formes, au verbe que l'on donne en pensum dans les écoles : « Je baye aux corneilles et dissipe mes voisins au lieu d'écouter. »

Il serait fort à désirer que quelqu'un reprît l'étude de la langue wolof et en fît une grammaire rationnelle, scientifique, qui remplacerait avec avantage les travaux consciencieux, étendus, mais conçus sans notions de linguistique et par suite fort indigestes, qui sont les seuls que nous possédions aujourd'hui.

La majeure partie des racines (toutes les primitives), sont monosyllabiques et commencent et se terminent par une consonne.

Parmi ces racines, ainsi que l'a déjà fait observer le général Faidherbe, un certain nombre paraissent communes au wolof et au poular. Mon camarade de mission, le capitaine Pietri. qui s'occupait de cette question à Ségou, a retrouvé un nombre considérable de ces racines communes.

Il va sans dire que nous ne pouvons en tirer qu'une seule conséquence : la preuve de la cohabitation prolongée des peuples d'origine phoule avec les Wolofs ; l'influencé a sans doute été le Wolof en qualité de moins intelligent, ayant une langue moins souple, moins commode que le Phoul. On trouve encore dans le wolof des racines communes avec les langues mandingues.

*Mœurs.* — Au point de vue ethnographique nous avons quelques faits à noter.

Les wolofs sont divisés en castes parfaitement caractérisées.

La liste n'en étant généralement pas donnée au complet, nous allons les indiquer rapidement.

1° Les gens libres (Ndiam-bour), parmi lesquels on peut distinguer une sorte d'aristocratie composée de familles qui varient avec les localités et la classe ordinaire (les Badolo).

2° Les Dom-i-ndiam-bour, classe qui est comme origine au-dessus des castes inférieures, mais qui est plus méprisée, plus crainte qu'elles. Les hommes sont fréquemment les agents des chefs. Les Dom-i-ndiam-bour mendient autant que les Griots. Les femmes teignent à l'indigo [1].

3° Les Selmbous ou Niolé, la plus méprisée des castes wolof.

4° Les Forgerons (ou bijoutiers).

5° Les Cordonniers (ou corroyeurs). Cette caste peut à la rigueur s'allier à la précédente.

6° Les Chanteurs ou Guéwel qui se divisent en deux catégories : Les Tisserands qui sont des Griots rangés, à conduite régulière, et les Guéwel proprement dits.

7° Les Esclaves que l'on peut diviser en esclaves de la couronne, esclaves de case, esclaves de trafic.

Citons un fait fort intéressant mais qui, quoiqu'on en dise, n'existe absolument que dans le Walo et pour la succession au titre de Brak : il y a peut-être là une dernière trace du ma-triarcat Pour être Brak, il fallait appartenir par son père (filia-tion appelée Sant), à l'une des trois familles appelées Logr, Tédiek, Dieuss et en même temps par sa mère (filiation nommée Khet), appartenir aux Mbod'i.

*Homogénéité de la race.* — Enfin faisons bien remarquer que les Wolofs forment un peuple parfaitement homogène, une race au milieu de laquelle il est impossible de retrouver un seul caractère physique indiquant un métissage avec une race non nègre, de même que sa langue nous paraît spéciale.

---

1) J'ai entendu attribuer leur origine aux relations qu'aurait eu un mort avec une vivante.

*Religion*. — Nous n'avons rien dit de la religion, la majeure partie des Wolofs étant musulmans, il serait oiseux de décrire leurs pratiques. Il va sans dire que pas plus dans ce pays qu'ailleurs, le monothéisme n'a détruit entièrement les superstitions fétichistes. Ceci nous fait d'ailleurs souvenir que chez les Wolofs il n'y a pour ainsi dire pas, au moins actuellement, de sorciers dans le sens où ce mot est employé fréquemment pour les tribus africaines et américaines (d'homme-médecine); il n'y a guère que des individus accusés de maléfices, de sorcellerie, de pratiques mystérieuses *dangereuses*.

*Sérères*. — Les Sérères sont en dehors du bassin du Sénégal et nous ne les connaissons pas ; deux raisons pour n'en point parler. Nous noterons seulement ceci, que physiquement nous avons toujours été incapable de les distinguer des Wolofs, et en deuxième lieu que, d'après Golberry et mes propres informations, un très grand nombre des familles du pays sérère étant d'origine wolofe, il doit être fort difficile qu'ils aient une anthropologie et une ethnographie bien distinctes.

Une dernière observation que nous désirons présenter, c'est que les Toucouleurs se plaisent à dire que Wolofs et Sérères sont de leurs anciens captifs révoltés et évadés et que leur origine servile se traduit encore : 1° par le cordonnet que porte tout Wolof autour de la ceinture, et qui ne serait autre chose qu'une transformation du lien avec lequel ils attachaient leur bois à l'époque de leur esclavage; 2° par l'habitude qu'auraient les Sérères d'appeler tout Poullo : mon maître. Ajoutons que, toujours suivant les Toucouleurs, il y a peu d'années encore un Sérère n'eût jamais fait ou gardé un captif foutanké.

## II

### LES MANDINGUES

*Définition*. — Nous réunissons sous ce nom les trois peuples connus sous le nom de Malinkés, de Bambaras et de Soninkés. A ces trois grands groupes il faut évidemment joindre les

D'iallonkés, très probablement aussi les Soussous (les vieux auteurs les appellent très franchement Mandingues) ; et à notre avis, il n'est pas douteux que les progrès des différentes sciences anthropologiques enrichiront le domaine des Mandingues de plusieurs côtés différents.

*Domaine*. — Quoi qu'il en soit et quoi qu'il en advienne, comprise comme nous venons de le dire, la race mandingue est, parmi les races nègres africaines, une de celles qui occupent le plus vaste territoire. En effet dans l'ouest, s'ils ne s'avancent le long des bords du Sénégal que jusque vers notre poste de Matam, plus bas nous les voyons arriver jusqu'à la mer. Dans l'est leur limite est indécise, les voyages et les renseignements font un peu défaut; cependant dans la partie sud du territoire, nous savons qu'il y a des Mandingues jusqu'auprès du 2° degré long. occident. Peut-être aussi Duncan a-t-il raison (malgré les critiques de Barth) lorsqu'il fait des habitants du Mossi (ou mieux à mon avis Mot'i) des Mandingues cohabitant avec des Foulbés. Dans une autre direction, les Mandingues s'étendent depuis la hauteur de Tombouctou jusqu'aux monts de Kong. Sauf des enclaves nombreuses il est vrai, la race couvre donc approximativement les pays compris entre les 17° et 2° degrés de longit. ouest, les 16° et 7° degrés de latitude nord.

*Nom*. — Barth, après Denham et Clapperton, dit que les Mandingues portent le nom de Wakoré ou Wangaraoua. Il est étrange, bien que cela ne soit pas impossible, que dans les pays mandingues on ne retrouve pas ces noms, qui seraient la véritable désignation de la race. Je passerai sur celui de Wakoré. Mais pour celui de Wangara (en lui supprimant sa terminaison haoussane) je ferai remarquer que le premier voyageur européen qui en ait fait usage, qui l'ait connu, est l'Anglais Dupuis (1820) qui l'applique d'une façon formelle et avec détails explicites à la région de la côte de Guinée comprise dans un sens entre le cap Lahon et les rivières de Formose et de Calabar, de l'autre entre la mer et les monts de Kong. — Il me semble donc que Barth s'est laissé induire en erreur par une désignation trop généralisée.

*Divisions et noms spéciaux.* — Disons maintenant quelques mots des noms des trois grands groupes mandingues et du domaine que chacun occupe plus spécialement.

1. *Les Mallinkés.* — On fait généralement venir ce nom de Malli, capitale de l'ancien empire de Malli ou Melli, dont parlent les anciens voyageurs arabes et européens, ville située sur une des branches du Niger auprès du lac Débo. Sans vouloir contredire formellement cette hypothèse très vraisemblable, nous ferons cependant observer que dans chacun des villages du Manding nous avons demandé le nom de la race à des gens nombreux ; nous étions à cette époque familiarisé avec la phonétique mandingue par les interrogations qu'avaient nécessitées un essai de grammaire et de vocabulaire ; et *toujours* nous avons obtenu la même réponse : « Nous nous appelons Manding-ka-lou, pluriel de Mandingka ou Manding-t'ié (homme du Manding). »

Ajoutons, le détail a son intérêt, que personne ne nous a compris quand nous avons parlé de Malli, Mali, Melli. Le changement, l'adoucissement de Manding-t'ié en Mallin-t'ié (ou ké) n'a rien qui nous doive étonner ; il est parfaitement en rapport avec les habitudes linguistiques des peuples voisins des Mandingues et des Mandingues eux-mêmes.

Au sujet de l'empire de Malli nous ferons observer qu'à notre avis cet empire était peut-être dominé par des chefs mallinkés (nous n'avons pas leurs noms de famille pour éclaircir la question), mais qu'une bonne partie de la population appartenait aux autres groupes de la même race. Nous avons recueilli une tradition, fort peu nette à la vérité, mais qui est d'accord avec notre opinion que, seules les origines des chefs ont varié dans toute cette région, le fond de la population restant toujours le même. Ce n'est d'ailleurs que de cette manière que nous pouvons nous expliquer la disparition complète des *Mallinkés* du nord de leur ancien empire, les révolutions et migrations mieux connues ayant toujours été bien loin d'être totales, dans l'ouest du Soudan au moins.

Les Mallinkés s'attribuent généralement le Manding comme pays d'origine.

Ils occupent les pays connus sous le nom de Bambouk, Bafing, Bétéa, Nourou, Farimboula, Fouladougou, Manding, Bouré, Kangaba, quelques points mal déterminés de la rive droite du haut Niger, les bords de la Gambie, etc. ; enfin sous le nom spécial de *D'ialont'ié* le Dialonkadougou.

2. *Les Bambaras.* — Ces Mandingues se désignent eux-mêmes sous le nom de Bamana (ou *Banmana*); au pluriel *Banmanao*.

Ce peuple habite le plateau connu sous les noms de Kaarta et de Bakhounou, Mourdiari etc; les pays de Ségou, Guéniékalari, Bana, Gouana, Bélédougou et d'autres points mal déterminés de la rive droite du haut D'ioliba.

3. *Les Soninké.* — Ils sont connus chez les autres Mandingues sous le nom de Marka-nt'ié (Markanké) : chez les Wolofs et les Foulbé sous celui de Sarakoullé, Serakoullé; ils disent que leur vrai nom est Soninké (Sonint'ié).

En corps de nation ils n'occupent guère que le Goy, le Kaméra, le Guidimakha. Partout ailleurs ils vivent au milieu des autres peuplades; ici ne formant qu'une faible partie de la population d'un village; là au contraire occupant presque seuls un village et même un groupe de villages (le Kind'i par exemple; et une partie du Bakhounou).

*Identité des trois groupes.* — Il nous faut maintenant expliquer les motifs qui nous ont déterminé à classer Banmana, Manding t'ié et Sonint'ié dans le même groupe : cette manière de voir n'étant pas partagée par tout le monde.

Au point de vue physique les Soninké présentent d'assez grandes variations suivant les individus et suivant les points où on les observe. Ces différences sont liées aux points de départ des familles. Ainsi les Soninké qui aujourd'hui habitent le Damga, le Guoy, le Kaméra, le Guidimakha, en un mot l'ancien pays de Galam, viennent, d'après le général Faidherbe, de l'ancien royaume de Ghana ou Ghanata. Pour l'éminent gouverneur du

Sénégal, ils formaient la majorité des habitants de ce royaume détruit; Barth est de la même opinion, sauf sur le point de la nationalité des chefs qui pour lui étaient Foulbé. Souveraine ou non, la race phoule comptait de nombreux représentants dans le Ghanata, ainsi que la race berbère; et ce sont ces deux races

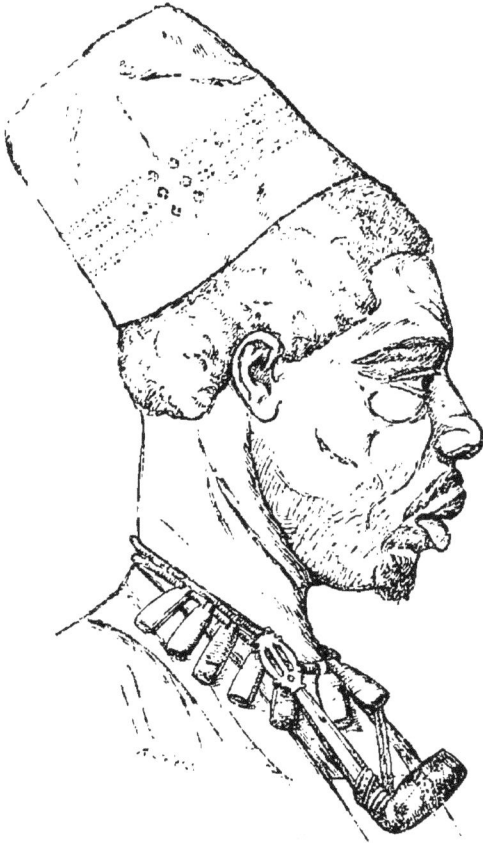

Fig. 1. Alexandre Diaga, Wolof de Saint-Louis du Sénégal.
(D'après un buste moulé sur nature au Muséum d'Histoire Naturelle.)

qui sont venues modifier le Soninké; leur influence (surtout celle des Foulbé) se retrouve dans la couleur de la peau, qui a fait donner aux habitants du Galam le nom de Sérékhoullé (hommes rouges), dans la fréquente régularité des traits, et enfin dans la langue qui contient d'assez nombreuses racines phoules, quelques autres berbères et des aspirations plus nombreuses que les autres idiomes mandingues. Mais si au lieu de considérer le

Soninké sur le bord du Sénégal, vous traversez, comme je l'ai
fait, certains villages qu'il occupe dans le Guéniékalari, vous se-
rez évidemment incapable de le distinguer des Bamanas au milieu
desquels il vit. A Nango, dans le Ségou, on rencontrait des Bamana, des Mandingké, des Soninké ; il était donc relativement
aisé d'apercevoir les différences s'il y en avait, or je n'en ai ja-

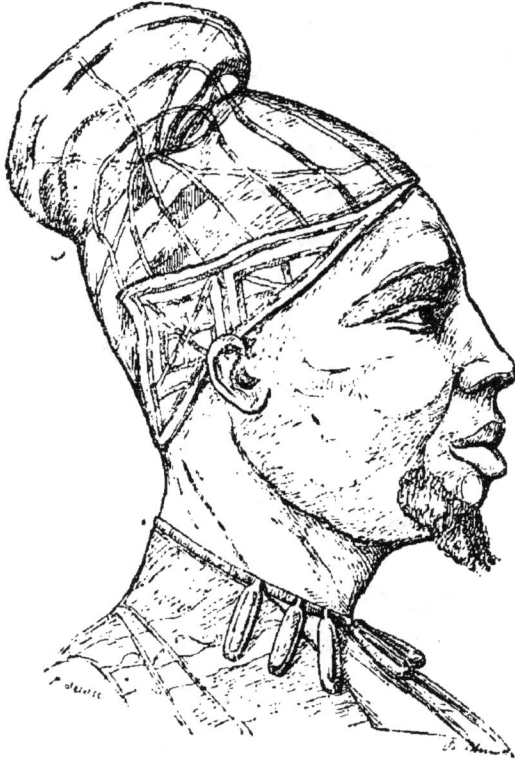

Fig. 2. Bernardo Jota, Mandingue du Rio-Geba.
(D'après un buste moulé sur nature au Muséum d'Histoire Naturelle.)

mais vu malgré l'attention toute particulière que je portais à mes
examens.

D'ailleurs les quelques crânes connus viennent à l'appui de
notre manière de voir ; identité avec les autres rameaux mandingues. Pour les Bambara et les Mallinké on admet plus généralement l'identité, aussi ne discuterons-nous pas.

Au point de vue ethnographique il est tout aussi impossible
de saisir des différences. On en a cependant signalé une : la

prétendue spécialité des Soninké de fournir les commerçants voyageurs qui sillonnent le Soudan occidental et que l'on désigne sous le nom de Dioula. Je crois en premier lieu que cette spécialité commerciale est singulièrement exagérée. Certains auteurs ont été jusqu'à dire que les Sarakhoulé n'étaient pas cultivateurs et c'est ainsi qu'on est arrivé à leur donner l'épithète un peu abusive de Juifs du Soudan. Or les Soninké marchands ne sont qu'une infime proportion dans les villages du Galam; dans beaucoup de ces villages il n'y a pas un dioula. Ajoutez à cela que le métier de dioula n'est généralement pas une profession que l'on exerce toute sa vie; on fait un certain nombre de voyages afin de s'acheter un ou plusieurs esclaves, de gagner le douaire d'une femme, etc., puis on reste à ses cultures.

Enfin il faut bien remarquer que le nombre est grand des Toucouleurs, des Mallinké, des Bamana, qui font le même commerce et qu'avant la conquête du Ségou par El-Hadj Omar, le nombre des dioulas appartenant à ces derniers groupes était infiniment plus considérable. Nous en trouvons une preuve dans Mongo-Park qui connaissait les Soninké (Serawouli) et qui n'eût pas laissé échapper la remarque: il nomme d'ailleurs les dioulas d'un nom bamana: Sla-t'ié, pour Sila-t'ié, hommes des chemins. La cause de notre erreur est que nous connaissons spécialement ceux qui partent de notre escale de Bakel située en pays soninké. D'un autre côté il est certain que la spécialité, fût-elle admise aussi formellement que le désirent les auteurs, il n'y aurait pas là de quoi établir une différenciation. L'histoire nous fournit des exemples de peuples qui, venant à se trouver dans des conditions spéciales, ont changé leur mode d'existence; c'est ainsi que les Juifs, peuple pasteur, sont devenus banquiers et commerçants; que divers fragments d'une race ont souvent des genres de vie très différents: les Kabyles algériens cultivateurs sont les frères des Touareg. Or pour les Soninké, leur vie dans le Ghanata a été la cause déterminante de leurs habitudes commerciales. La capitale de cet empire était à peu près où est la moderne Walata, le pays ne se prêtait pas à l'agriculture; Walata était l'entrepôt commercial de la région avant que Tombouctou ne la détrônât. Il est donc possible que là les Soninkés aient acquis des goûts commerciaux développés et fixés par l'hérédité.

Au point de vue linguistique l'unité n'est pas moindre. Pendant mon séjour dans le Ségou je me suis occupé de commencer une étude de la grammaire et du vocabulaire des trois idiomes bamana, soninké, mallinké, et bien que je n'aie pas pu pousser mon travail aussi loin que je l'eusse voulu, j'ai assez vu pour acquérir la conviction qu'il y a non seulement analogie, mais identité et que l'on est en présence, non de trois langues, mais de trois dialectes. Souvent deux dialectes bambara présentent plus de différences qu'un bambara et un mallinké n'en ont entre eux. J'ai déjà fait remarquer que le vocabulaire soninké était un peu différent, ainsi que quelques sons, mais j'ai fait aussi remarquer que ces différences devaient être attribuées au séjour dans le Ghanata et au contact des Foulbés et des Berbères.

*Classifications d'autres auteurs.* — Nous devons parler maintenant de deux hypothèses sur la place en ethnologie des Soninké faites l'une par le docteur Quintin, l'autre par M. Bérenger Féraud. Nous commencerons par l'opinion de M. Quintin qui a été notre prédécesseur dans le Ségou et qui a généralement bien vu.

Pour M. Quintin les Soninké sont le même peuple que les Sonrhay. Mais cet auteur infirme lui-même son raisonnement.

« Le mot Sonni-nké vient du nom de la dynastie Sonrhay des Sonni; ce sont les gens du Sonrhay qui ont émigré au moment de la fondation de la dynastie des Askia. Les Sonnis étaient d'origine étrangère; probablement berbères, ce qui explique le teint clair des Sonni-nké. Leur ancêtre s'appelait Sa ou Sé, de là le nom de Cicé d'une des grandes familles soninké. Les chefs d'Aghadès appartiennent toujours à une famille soninké, puisque celui que Barth a pu connaître était un Bakiri. »

Voilà quelles sont les principales raisons que le Dr Quintin donne en faveur de son hypothèse.

Or il semble en premier lieu que, si les Sonni étaient des étrangers comme le dit Ahmed Baba (des Berbères d'après Barth), il est au moins abusif de les prendre pour caractéristique du peuple qu'ils sont venus dominer et cela d'autant mieux que, se trouvant en minorité, ils ont dû subir l'influence du Sonrhay et non le Sonrhay la leur; ce sont évidemment les Sonni qui ont pris le type nègre et non les Sonrhay le type des Sonni berbères.

Le fondateur de la dynastie des Sonnis s'appelait, d'après Ahmed-Baba : Za. Évidemment on peut, en négligeant les voyelles et ne s'occupant pas des consonnes, trouver *Cé* dans ce mot; mais on peut en tirer bien d'autres choses et je ne sais pas pourquoi un autre auteur n'y verrait pas un jour *Sô*, le nom phoul. Il est d'ailleurs douteux que *Ci-Cé* veuille réellement dire : enfant de Cé, vu qu'en soninké comme dans les autres idiomes mandingues le rapport des deux termes se trouve exprimé par l'inversion : Cé-enfants (*cé-ci*).

Le chef d'Agadèz que Barth vit à son passage s'appelait Abd-El-Kadiri et Barth se garde bien de dire qu'il appartenait à la famille des Bakiris. Il dit seulement qu'il était fils de Mohammed el Bakiri, et il ne faut évidemment voir dans ce mot Bakiri qu'une altération sonrhay de Bekr, comme Kadiri est une altération de Qâder. (La langue d'Agadèz est un dialecte sonrhay.)

Les Bakiri Soninké ne reçurent le nom que fort tard à leur arrivée dans le Galam, et, étant donné que beaucoup d'entre eux prononcent Bakili, il ne serait pas impossible qu'il y eût une relation entre le nom du village de Bakel et le leur. N'abusons pas de l'étymologie et ne concluons pas.

Quant à la couleur claire et aux traits réguliers de certains Soninké, je me suis expliqué un peu plus haut sur ce point; je ferai seulement remarquer ici que les faits ne seraient nullement en faveur de l'origine sonrhay.

Pour en finir avec les arguments de M. Quintin, il m reste à dire que l'histoire, telle que Barth nous l'a rapportée, ne mêle jamais les Sonrhay et les *Aswaneks* ou *Swoninkés*. Les uns étaient les fondateurs et les habitants du Ghana, les autres ceux du Sonrhay. Lorsque le Ghanata fut détruit, le Bakhounou resta encore sous la domination des Soninké. Ce ne fut qu'assez tard que les efforts réunis des Maures (Oulad Embarck) et des Bambaras parvinrent à détruire ce dernier royaume soninké. C'est

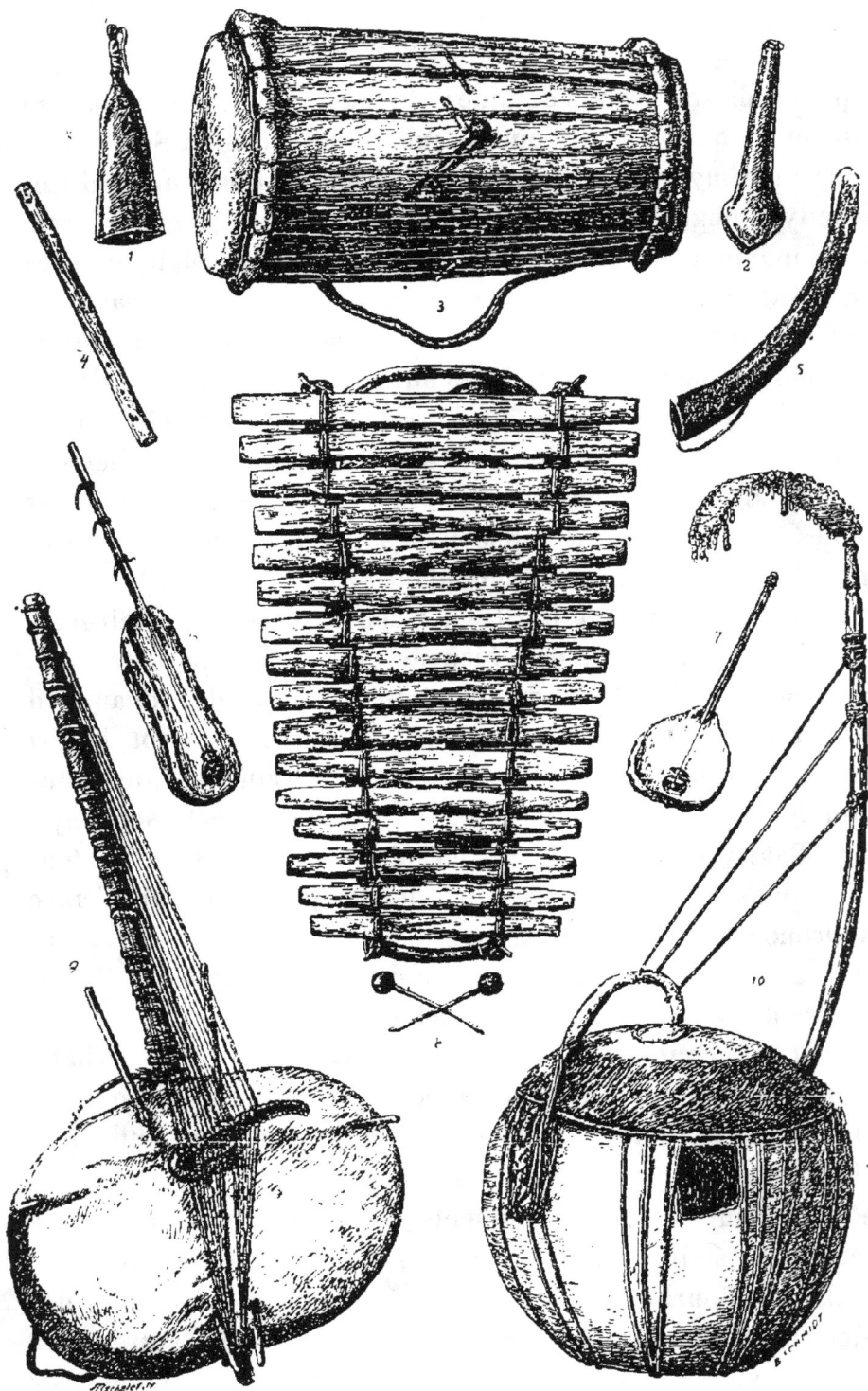

Fig. 3. Instruments de musique des Mandingues (1/10 gr.)

1 et 2. Sonnettes en fer de Kéniéria, camp de Samory. (*Mus. d'Ethnogr. Coll. Martin Dupont.*) — 3. Tambour, de Kalé. (*Même coll.*) — 4. Flûte bambarra. (*Coll. Merle.*) — 5. Trompe en corne d'antilope. (*Coll. Schœlcher.*) — 6 et 7. Petite guitare à trois cordes et petit violon à une corde, de Kita. (*Coll. Martin-Dupont*). — 8. Balafon avec ses baguettes, des Mandingues de Gambie (*Coll. V. Barrère.*)

de ce petit royaume de Baghena que les Bakiri du Galam ont gardé un vague souvenir. Déjà le Sonrhay était lui-même détruit par les conquérants marocains, déjà les Foulbé avaient commencé leur mouvement et bientôt ils allaient fonder leur royaume de Macina, car la destruction du Baghena et son partage ne datent que de la fin du siècle dernier.

Barth d'ailleurs, dans les notes qu'il a rapportées sur les Aswaneks, leur donne à un moment donné le nom de Wakorés comme aux autres Mandingues.

Nous avons comparé la grammaire et le vocabulaire des Soninkés et des Sonrhays sans trouver une seule ressemblance. Les crânes sonrhays connus diffèrent notablement des crânes soninkés ou mandingues par un grand nombre de caractères et notamment par un prognathisme très considérable.

L'opinion de M. Bérenger-Féraud n'a pour ainsi dire pas besoin d'être combattue. Sans expliquer les raisons qui peuvent lui faire adopter cette classification il réunit sous le nom de Soninkés les trois nations : « Saracolais, Khassonkais, Djallonkés. »

Cette classification est purement artificielle. En premier lieu les trois peuples ne se désignent pas sous ce nom commun. En second lieu il est impossible de trouver un caractère quelconque qui autorise à les réunir dans un groupe spécial en les séparant des autres Mandingues.

*Caractères des Mandingues.* — Les Mandingues pris en général sont des nègres assez noirs : moins cependant que les Wolof. Le crâne est moins allongé ; la face, moins saillante est comme redressée au niveau des mâchoires, en même temps qu'elle se dilate en largeur. Les muscles sont bien développés sans présenter toutefois des formes aussi généralement belles que celles des Wolof.

Au point de vue moral et intellectuel, ce sont des gens travailleurs et avides de gain, mais très gais partout où la guerre ne les a pas ruinés et écrasés : j'ai remarqué qu'on leur voyait souvent faire des tours de force et d'adresse, fait que je n'ai noté dans aucune des races voisines. Ils sont passionnés pour la musique,

aussi leurs instruments sont-ils nombreux : une flûte à quatre
trous (fig. 3, n° 4), le *balafon*, sorte de xylophone que l'on
touche avec deux baguettes garnies de gomme (n° 8), la *kora*,
harpe à deux rangs de seize cordes (n° 9) une guitare (n° 6), un
petit violon (n° 7), le *bourou*, corne en fer, bois ou corne avec
une embouchure placée latéralement auprès de la plus fine extré-
mité, qui rend des sons graves d'un effet étrange (n° 5) ; plusieurs tambours de dimensions variées (n° 3), de grossières sonnettes de fer (n°ˢ 1 et 2) remplissant l'office des cymbales.
Leurs danses sont aussi nombreuses et beaucoup ne consistent
qu'en exercices d'agilité ; les hommes dansent plus fréquemment que dans les autres races (*danse des esclaves*, danse des
guerriers, etc.)

Les Mandingues sont polygames; presque partout où la reli
gion musulmane n'a pas pénétré, le mari jouit de droits étendus
sur la femme; c'est ainsi que dans le Bélédougou il peut mettre
son épouse en gage à servir comme esclave et même la vendre
pour rentrer en possession de son douaire lorsqu'il s'en sépare.
Il peut agir de même vis-à-vis de ses enfants. En revanche on
peut dire que l'homme travaille au moins autant que la femme,
et on est heureux, quand on sort des pays wolofs et toucouleurs,
de constater que le Bambara du Ségou est rarement inoccupé,
que ses cultures sont relativement soignées, qu'il sait s'occuper
un peu d'agriculture.

Les Mandingues ne sont pas sans défauts d'ailleurs : d'abord
ils sont moins intelligents que les Foulbé et leurs métis; en outre
ils sont extrêmement ivrognes; enfin ils sont beaucoup moins
hospitaliers que les races voisines. Cet égoïsme peut d'ailleurs
devenir une qualité, car ce défaut est nécessaire au développe-
ment d'un peuple.

L'hérédité est chez eux collatérale dans la ligne paternelle et
l'héritage comprend les femmes du défunt et cela dans le cas
même où à défaut d'un frère de leur père, la succession passe
à l'un des enfants. L'héritier est d'ailleurs tenu d'élever ses
neveux ou ses frères et de les aider à s'établir; en revanche ils
lui doivent leur travail.

Ce mode d'héritage fait que les chefs sont toujours des vieillards impotents, aveugles, gâteux. Leur commandement est peu effectif; ils jouissent surtout de l'influence que leur donnent leur position sociale, leurs richesses et leur âge. Ce sont eux qui, assistés des notables âgés des villages, remplissent les fonctions de juges et d'arbitres.

La population est divisée en castes sur lesquelles je ne reviendrai pas ici.

La religion, outre l'islamisme qui fait sans cesse des progrès, est le fétichisme. J'ai décrit ailleurs (*Rev. d'Ethnogr.*, t. III, p. 389) les pratiques qu'il m'a été donné de connaître.

Les garçons subissent tous la circoncision; les filles l'excision vers l'âge de quatorze ans. On trouve en outre comme mutilations ethniques l'usage de se faire au couteau des entailles soit sur les joues (Bambaras) soit sur les tempes (Malinkés-Soninkés) au nombre de trois; souvent ces entailles sont plus nombreuses et situées en d'autres points de la face, mais alors elles ont généralement une origine thérapeutique et non ethnique.

Dans quelques districts les femmes se tatouent aussi la poitrine, toujours au moyen d'entailles au couteau, sans doute pour remplacer les vêtements absents sur le torse.

La coiffure des hommes et des femmes a souvent été décrite, entre autres par Mage, qui en a donné de bonnes figures.

Les Mandingues parlent une langue agglutinante qui diffère complètement des langues wolofe et phoule. Nous n'avons pas l'intention de l'étudier ici : signalons seulement quelques faits caractéristiques : l'absence d'article, le rapport exprimé en latin par le génitif rendu par l'inversion des deux mots; l'adjectif toujours placé après le substantif, la préposition mise après le mot ou la proposition auxquelles elle se rapporte; l'inutilisation du pluriel; le peu de formes du verbe; la présence de dix mots différents pour les dix premiers nombres. Au point de vue phonétique, les Mandingues ont un son spécial difficile à rendre et même à expliquer : c'est une nasale se terminant par un *g* dur faiblement accentué (Faidherbe).

# III

## LES FOULBÉ

Cette race, mal connue et assez mal étudiée d'ailleurs, est la plus intéressante de celles qui rentrent dans le cadre de ces notes. Il va sans dire que nous n'avons pas la prétention de l'étudier à fond, mais peut-être pourrons nous rendre quelques services à ceux qui nous succéderont et contribuer à éclaircir un peu le fouillis inextricable de renseignements contradictoires qui composent nos connaissances sur ce peuple.

Que penserait-on d'un voyageur qui, décrivant Saint-Louis du Sénégal, écrirait des choses analogues à ceci : « Cette île est habitée par la race française qui est caractérisée par des cheveux quelquefois lisses et soyeux, le plus souvent crépus ou tout au moins un peu laineux; une peau quelquefois blanche, souvent café au lait ou cuivre, généralement noire, etc. La race est divisée en plusieurs tribus dont les principales sont : les Bordelais, les Wolofs, les Marseillais, les Toucouleurs, les Maures et les Bambaras. On y observe plusieurs castes : les fonctionnaires, les griots, les forgerons, les missionnaires, les hassans, les tiouballos, les pourognes, les militaires, etc. »

On se récrierait vivement devant une pareille absence de critique; c'est cependant ainsi, à peu de chose près, sauf l'exagération d'un exemple destiné à bien faire comprendre la pensée, que l'on décrit la race des Foulbé.

Ajoutez à cela la multiplicité des désignations de la race. On a fouillé tous les vocabulaires de l'Afrique tropicale du nord et chacun a choisi un nom, qui Fellata, qui Foullani, tel autre Foulah. Les vocabulaires africains étaient, paraît-il, insuffisants avec la trentaine de mots qu'ils fournissent, car on a forgé Peul, puis Peulh avec une *h*, pauvre lettre qui se demande ce qu'elle peut bien représenter soit comme étymologie, soit comme prononciation. Un autre s'est emparé d'un mot de la langue poular et l'a accolé à un mot bambara (*poullo tigui*), sans doute dans le but d'utiliser les notions de philosophie éclectique qu'on lui a autrefois enseignées. Survient alors un autre qui, remarquant ingénieusement que la racine de tous ces mots est la même, en tire cette conclusion que le blanc devient nègre sous les Tropiques.

Essayez maintenant d'étudier l'ethnographie, vous allez vous perdre dans les descriptions contradictoires et dans un fouillis inextricable de castes : Torobé, Sisilbé, Tiouballos, Diawandous, Mabé, Saké, Ouaïlbé, Laobé, Koliabé, Galloun-Kobé, Finanké, Bambabé, Tiopourta, etc., etc.

Désirez-vous des tribus? dix pages ne suffiraient pas à les énumérer, vous y retrouverez d'ailleurs la moitié au moins des noms de castes.

En voilà suffisamment, je pense, pour montrer qu'il faut s'armer d'un esprit sévèrement critique et déterministe, si l'on veut pouvoir comprendre quelque chose.

*Foulbé vrais*[1]. — On a dit avec juste raison qu'il est sans doute impossible de rencontrer aujourd'hui un Poullo pur de tout mélange. Cependant il est, à notre avis, possible de décrire encore une race phoule pure, tant au point de vue des caractères physiques, que des caractères moraux et intellectuels. Les phénomènes connus des réversions ataviques sont là pour nous guider, et tout ou à peu près tout ce qui nous paraîtra contraster avec ce que nous savons sur les nègres voisins, pourra être assez légitimement, chez les métis foulbé, rapporté à l'influence de l'élément phoul.

On comprend déjà que nous ne pouvons accepter en aucune manière l'opinion exprimée par le voyageur allemand Krause, entre autres; qu'il y ait deux catégories de Foulbé, les rouges et

---

1) Le peuple que nous étudions se donnant à lui-même les noms de Poullo au singulier, Foulbé au pluriel, nous croyons devoir conserver et employer exclusivement ces deux expressions. Cependant il nous arrivera à l'exemple de Krause pour la facilité, la commodité du langage, de nous servir quelquefois de la racine seule; cette racine est *foul*. Il est vrai qu'à l'exemple de notre ami le capitaine Piétri nous l'écrivons *phoul;* voici pourquoi : « La consonne initiale *f* est de celles qui se changent en *p* en variant de nombre; *ph* rappelle cette transformation et sert en même temps à différencier *f* variable de *f* invariable (Krause, *Beitrage zur Kenntniz der fulischen Sprache in Africa;* Piétri, *Les Français au Niger. Voyages et combats.*)

les noirs. Pour nous il n'y a qu'une race phoule et des métis de cette race avec les nègres; d'ailleurs il faut bien remarquer que la division de Krause est inacceptable, même en la comprenant ainsi, puisque dans une race métisse on peut observer et on observe une infinité de nuances, de variétés, faisant la transition d'un progéniteur à l'autre.

Peu de crânes Foulbé ont été étudiés jusqu'ici; ceux que l'on connaît se rapprochent considérablement des crânes égyptiens tant anciens que modernes. Cette analogie entre les deux races est d'ailleurs frappante sur le vivant et attire l'attention des gens les moins préoccupés des questions ethnologiques. Grâce à la façon dont est souvent posé le bourtougal, ce voile de mousseline grossière dont les femmes foulbé couvrent fréquemment leur tête, et qui à distance fait fréquemment l'effet de l'ancienne coiffure égyptienne, il est impossible de ne pas rapprocher les deux races dans la pensée.

Cependant la linguistique n'a révélé aucune parenté entre les deux idiomes; il est vrai qu'une langue peut se perdre.

Le Poullo est de taille moyenne, ses formes sont élancées, ses membres maigres avec des attaches d'une finesse étonnante; ses mains sont fines et allongées, les pieds petits; la face est orthognathe, ovale; les traits sont menus; le nez droit ou légèrement arqué, la bouche petite avec des lèvres non déjetées quand elles n'ont pas été tatouées; les cheveux lisses, assez fins, soyeux même quelquefois, noirs ou seulement d'un brun très foncé; la peau est jaune rougeâtre, de la nuance de la rhubarbe ou même plus pâle; mais fonçant aisément lorsqu'elle est exposée à l'action du soleil. Le système pileux est un peu plus développé que chez le nègre, particulièrement sur les membres.

Le Phoul pasteur est généralement poli, doux et même humble; mais il passe pour être en réalité foncièrement cruel. Les enfants paraissent être très choyés, les époux très unis; la polygamie est peu développée, ce qui peut tenir à la pauvreté, mais pourrait bien provenir de l'influence que la femme poullo sait acquérir dans la maison, influence bien connue et qui est traduite dans ce proverbe sénégambien que rapporte le général Faidherbe et que nous avons fréquemment entendu citer : « Introduisez une femme poullo dans une maison, fût-ce comme esclave, et elle en sera bientôt la maîtresse. »

L'intelligence des Foulbé est assez ouverte et assez vive, mais l'oppression qui partout pèse sur eux, du moins aujourd'hui, l'habitude de vivre isolés dans la campagne en paissant leurs troupeaux de zébus leur donnent un caractère sérieux, méditatif, concentré, et même souvent un air hébété qui les a fait quelquefois déclarer aussi stupides que leur bétail.

La propreté du corps et des vêtements ne paraît pas toujours être une de leurs vertus. Mais tout ce qui doit contenir du lait est au contraire nettoyé avec un soin scrupuleux, et il s'attache même à cette propreté des idées superstitieuses.

Essentiellement pasteurs, le fond de leur alimentation est le lait, dont l'importance se traduit par le grand nombre de termes que renferme leur langue pour désigner les moindres variations de goût, de consistance, etc., de ce précieux aliment. Ils ont ajouté à cette nourriture fondamentale tous les plats caractéristiques des peuples au milieu desquels ils vivent : le tô des Mandingues ; le tiéré (couscous) et les lakh (sanglé) des Wolofs par exemple.

Les Foulbé sont nomades et habitent généralement des huttes en paille de forme hémisphérique, peu durables, qu'ils entourent d'un enclos en paillotes formant parc à bestiaux.

Nous ne savons rien de leur religion, qui est un fétichisme probablement analogue à celui des Mandingues. Mais en général ils aiment peu la religion musulmane, soit qu'ils y voient la religion de leurs oppresseurs, soit qu'elle leur répugne en elle-même. Il est rare même qu'un converti soit sincère et pratique une fois qu'il est à l'abri des regards indiscrets.

Les Foulbé connaissent la circoncision des garçons et l'excision des filles, mais cette coutume leur appartient-elle en propre ou bien l'ont-ils empruntée, comme l'anneau de la cloison du nez que portent leurs femmes dans certains points ?

Aujourd'hui, les armes, les instruments divers, les ustensiles (couteaux, pipes, lits, marmites) sont très généralement ceux de

leurs voisins nègres. Il faut cependant faire une exception pour
la lance à fer plat et à soc triangulaire qui leur est propre, cette
arme est souvent ornée d'un décor géométrique gravé au trait et
sertie de cuivre (fig. 10). Les grands musées d'ethnographie
possèdent aussi (fig. 7-9) sous le nom de lances *de chefs phouls*
des armes de parade en fer également serti en cuivre, terminées
par des points multiples de laiton et de fer bizarrement décou-
pées. Les figures ci-après montrent les extrémités de trois de
ces lances qui appartiennent au Musée du Trocadéro, et qui ont
été autrefois rapportées du Sénégal par un des agents de la
maison Merle de Bordeaux. La fig. 11 représente une autre
pointe de lance d'un travail plus simple, mais avec les mêmes
sertissures en cuivre, provenant d'un chef de Ségou, et qui fait
partie de la collection Soleillet aussi déposée au Trocadéro.

Non convertis, les hommes tressent leurs cheveux; mais je
ne crois pas que leur coiffure présente rien de caractéristique,
elle se rapproche de celle des Mandingues comme leur bonnet.
Celle des femmes (lorsqu'elles n'imitent pas les négresses) est
plus spéciale; elle ne peut d'ailleurs être faite qu'avec des
cheveux lisses, car elle consiste en une infinité de petites tresses
très fines ; la parure favorite l'ambre est jaune, le corail et la
cornaline.

Les Foulbé sont divisés en castes comme les autres peuplades
sénégambiennes; mais ici il se pourrait qu'il y eut des particularités caractéristiques. En effet dans les quelques groupes de pasteurs qu'il m'a été donné d'observer je n'ai remarqué que *trois*
castes ; certes, je me garderai bien d'affirmer qu'il n'y en ait
pas d'autres, mais je crois que le sujet mérite d'attirer sérieuse-
ment l'attention de nouveaux observateurs. Ces trois castes
seraient : les Pasteurs, les Bambabé, les Laobé.

Les Bambabé (au singulier Bambado) sont une classe spéciale
de musiciens, de griots comme on dit au Sénégal. Leur instru-
ment est une petite harpe particulière (fig. 4). Les Foulbé font une
grande différence entre un Bambado et un Gaoulo (griot) quelconque ; bien qu'ils le considèrent comme appartenant à une
classe inférieure, ils le reçoivent toujours fraternellement dans

leurs campements, parce qu'il appartient à leur race; le Bambado est toujours convenablement nourri et poliment traité, ce

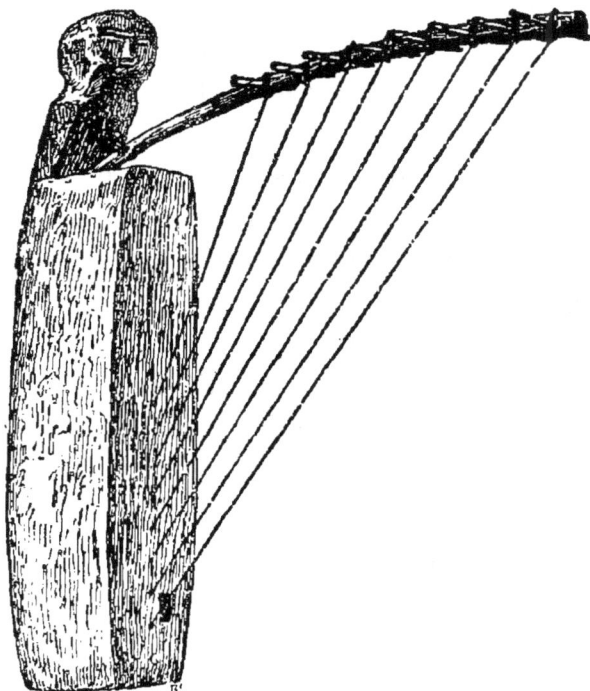

Fig. 4. Harpe de bambado. (*Mus. d'Ethnogr. Coll. Merle.*)

qui n'arrive pas toujours au gaoulo, bien que les Foulbé aient
adopté la plupart des idées comme des ustensiles des peuplades
nègres.

Les Laobé (au singulier *Labbo*) sont ces individus souvent signa-
lés qui travaillent le bois; fabriquant des plats, des mortiers à piler
le mil, des pirogues, etc. Leurs instruments sont une hache, un
couteau et une petite herminette (fig. 5, 6). Ils sont encore plus
nomades que les autres Foulbé et se transportent d'un campement
ou d'un village à un autre pour vendre ou fabriquer les produits de
leur industrie. C'est dans ces continuels déplacements qu'ils ont
acquis leur habileté proverbiale à conduire les ânes. On distingue
deux catégories de Laobé au moins aujourd'hui : les Laobé Go-
rogoro qui fabriquent les ustensiles de ménage, etc.; les Laobé
Lana qui ont la spécialité de faire des pirogues. Les Laobé Go-

rógoro méprisent d'ailleurs énormément les Laobé Lana, en leur reprochant de s'allier sans vergogne aux nègres, même des castes inférieures (griots, forgerons, etc.).

L'origine phoule des Laobé me paraît indéniable, car une bonne partie porte le nom souvent donné comme caractéristique de la race : Sô ou mieux *Sow*[1]; mais il est incontestable qu'aujourd'hui ils sont extrêmement mélangés de nègres, et un bon nombre de familles de cette caste portent des noms d'origine wolofe[2]. On sait d'ailleurs qu'ils n'hésitent pas à exploiter la superstition très répandue au moins chez les Wolofs, que coucher avec une Labbo porte bonheur.

Barth a dit, et tous les auteurs l'ont répété après lui, que tous les Foulbé portaient le nom collectif de Sô ou mieux Sow (*w* à peine articulé). Je crois qu'il y a là un fait à vérifier avec soin, ce que l'on peut faire en récoltant consciencieusement tous les noms des peuplades nègres qui entourent les Foulbé ou leurs métis. Pour ma part je crois qu'il y a une plus grande variété de noms de famille (j'en connaissais quatre certains), mais que leur nombre est loin d'atteindre celui des noms wolofs, par exemple.

Ce travail de recherche des noms de famille, si fastidieux qu'il puisse paraître, aurait de très grands résultats, car avec de bonnes listes on arriverait à débrouiller considérablement le chaos qui existe dans l'ethnographie des Foulbé et de leurs métis. Nous y reviendrons.

Les chefs des campements de Foulbé portent généralement le titre de Ardo qui leur est spécial. Quant au titre de Siratic ou

---

1) D'après une tradition que j'ai recueillie et qui est d'accord avec mon observation, les Foulbé, Laobé, Bambabé ont le même père et la même mère ; mes informateurs ajoutaient qu'un homme d'une de ces trois castes ne pouvait jamais refuser l'hospitalité à un membre d'une des autres parce que (à cause de la communauté d'origine, de la consanguinité) les plus grands malheurs suivraient ce déni d'hospitalité.

Ajoutons un détail inédit sur les Laobé. Une de leurs familles (les Dioum, nom à type Wolof) est considérée par eux comme formant une sorte de classe de Griots ; mais il n'y aurait pas là une véritable caste, puisque les Dioums peuvent s'allier avec les gens des autres familles.

2) Je citerai comme noms incontestablement wolofs : *Wagne* et Dioum ; probablement aussi Bann.

mieux de Saltigui, attribué par les vieux auteurs aux chefs des conquérants du Fouta, il ne nous paraît pas appartenir à la langue phoule, qu'on lui donne comme origine *Satic*, ou encore *Serki* (mot du Haoussa), ou enfin *Sila-tigui*, chef du chemin, qui serait mandingue. Pour ma part je pencherais volontiers po. cette dernière hypothèse, car les Déniankéou mieux Déniankobé, pour

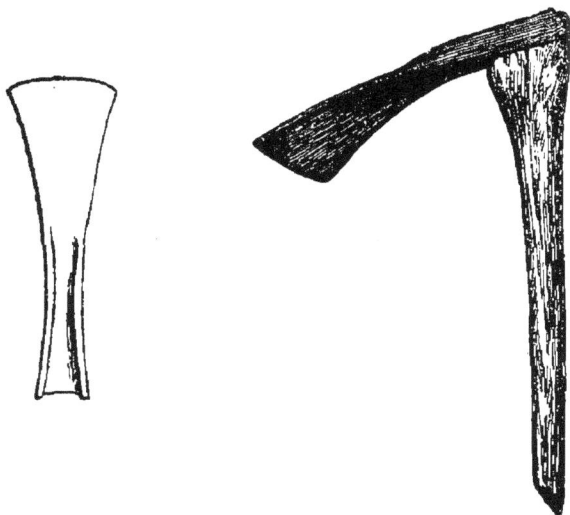

Fig. 5 et 6. Herminette de laobé, vue de profil et par dessous.
(*Mus. d'Ethnogr.*)

employer la forme phoule, paraissent avoir été des métis phoul-mandingues.

On divise les Foulbé en un grand nombre de groupes ou tribus dont je ne parlerai pas, car malheureusement les noms que l'on a cités (Barth en donne au moins trente) sont loin d'avoir la même valeur; les uns n'étant que des désignations tirées des cantonnements ou d'un chef, ou de circonstances variées, les autres des noms de castes. Je ferai seulement remarquer que les quatre grandes divisions citées par l'illustre voyageur me paraissent correspondre aux quatre noms de famille que j'ai cru trouver seuls chez les Foulbé, Sow, Ba, Dia et un quatrième que j'ai malheureusement perdu.

J'aurai à revenir sur quelques-unes des subdivisions indiquées par Barth à propos des métis foulbé.

Fig. 8.

Fig. 9.

Fig. 10.

Fig. 7.

Fig. 11.

*Le Zébu.* — On dit souvent que les Foulbé ont été les importateurs en Afrique du bœuf à bosse ou Zébu, et cette conviction vient à l'appui de l'hypothèse de leur origine asiatique. Sans vouloir contredire formellement le fait, je crois que l'on doit faire des réserves au sujet de cette importation.

Il ne faut pas oublier en effet que l'on voit le zébu jouer le principal rôle dans les sculptures rupestres du Sahara dans les régions autrefois occupées par les Garamantes : à Anaï sur la route garamante de Djerma au pays d'Aïr ou d'Asben ; à Telizzahren sur la route directe de Mourzouk à Rhât. Or rien, au moins jusqu'aujourd'hui, n'autorise à considérer ces régions comme ayant fait partie du domaine des Foulbé. Les Garamantes avaient et savaient atteler le zébu, qu'ont encore les Touareg, les Bournouans et bien d'autres Africains et rien ne me paraît susceptible d'indiquer quel est celui des peuples garamantes ou phouls qui a donné ou reçu le *bos indicus.* Cette réserve faite, je ne fais aucune difficulté de reconnaître qu'importateurs ou non, les Foulbé ont beaucoup contribué à la propagation de l'espèce zébu.

Le domaine des Foulbé est loin d'être bien déterminé. Ils s'étendent épars par groupes plus ou moins nombreux depuis le Fôr (au moins) jusqu'à l'Atlantique et depuis le 7e jusqu'au 17e degré de lat. nord.

Nous laissons de côté la langue des Foulbé : poular ou foulfouldé.

## IV

### LES MÉTIS PHOULS.

En quelque point que l'on place le point de départ, l'origine des Foulbé, il paraît certain que pour arriver à leurs cantonnements actuels ils ont dû parcourir d'immenses étendues de terrains. Ces parcours se sont effectués au moins en partie dans des périodes de temps très longues et avec des temps d'arrêts très prolongés. Comme l'a très bien remarqué Barth, la Sénégambie a été un des points d'arrêt de séjour et là principalement les mélanges avec les races noires dus soit à l'esclavage, soit à la politique, ont donné naissance à des populations métisses très nombreuses, plus nombreuses que leurs progéniteurs rouges, et qui ont gardé à des degrés divers dans leur aspect, leurs mœurs, leurs langues, leur caractère, l'empreinte des deux races qui leur ont donné naissance.

Ce sont ces métis, ou plutôt une partie d'entre eux qui servent à décrire la race phoule tant au point de vue anthropologique qu'au point de vue ethnographique; ce sont eux qui, essaimant de l'ouest vers l'est ont fondé tous ces royaumes musulmans qui occupent actuellement une bonne partie du Soudan.

*Impossibilité de faire une description.* — Il est naturellement impossible, à moins de tomber dans l'arbitraire, de faire de ces métis, de ces peuples à nom phoul, une description d'ensemble; on trouve en effet une infinité d'individualités au point de vue physique, un certain nombre de types psychiques, de nombreux groupes ethnographiques.

Au lieu donc de nous livrer à une étude d'ensemble nous allons examiner un certain nombre des nationalités qu'ont formé les Foulbé par leur métissage, en nous limitant comme précédemment dans les régions que nous avons visitées.

C'est ainsi que nous allons parler successivement : 1° du Fouladougou, du Birgo et du Wassoulou; 2° du Khasso, 3° du Fouta Sénégalais.

1. *Fouladougou.* — C'est dans cette contrée que certains auteurs ont voulu placer le pays d'origine des Foulbé. A mon avis ils ont été victimes de l'artifice de langage qui consiste à donner une apparence concrète de nom géographique à une désignation générale, abstraite. C'est ainsi que souvent on nous a demandé des nouvelles du Toubabou-dougou; qu'on nous a parlé du Sourakou-dougou; il serait évidemment plus correct en mandingue de dire Toubabou-diamani pour pays des Blancs, Sourakou-diamani pays des Maures; mais les deux formes sont employées.

J'ai d'ailleurs noté que l'on ne manquait presque jamais quand on voulait parler du Fouladougou comme pays préci, de dire Fouladougou Diamani (le pays de Fouladougou) pour éviter toute amphibologie. Cette pétition de principes est familière aux noirs qui en abusent, et il faut toujours se tenir en garde contre les réponses à la question par la question.

Certainement il y a eu des Foulbé à une certaine époque dans le Fouladougou, le nom même de Foula (Poullo, Foulbé) l'indique et encore aujourd'hui certaines familles portent des noms phouls. Il y a cependant encore sur ce point une réserve à faire, c'est que plusieurs de ces noms, entre autres celui des chefs de *Nmounionkori* (Goniokori des cartes françaises), appartiennent à la tribu des Diawandou (Diawanbé) sur lesquels je ne suis pas encore bien fixé.

Il se peut aussi que le Fouladougou ait été à une certaine époque un de ces points d'arrêt où les Foulbé ont séjourné un certain temps et se sont multipliés avant de reprendre leur marche et d'essaimer sur des contrées plus éloignées. Cependant le fait même de la présence des Diawanbé tendrait à me faire supposer que le Fouladougou a plutôt été une étape de la marche vers l'est que de celle vers l'ouest, des migrations des métis et non du peuple primitif. Nous reviendrons d'ailleurs sur les Diawanbés à propos du Fouta.

Quoi qu'il en soit aujourd'hui dans le Fouladougou, on ne trouve plus que des gens ayant tous les caractères physiques, ethnographiques, linguistiques des Mandingues dont il est impossible de les distinguer.

Le Birgo et le Wassoulou rentrent dans la même classe. Cependant le type phoul y est un peu plus commun que dans le Fouladougou, spécialement dans le Birgo : les Wassoulounké ont plusieurs noms réellement foulbé et ils en outre gardé du Poullo l'habitude de l'élève du gros bétail : leurs troupeaux sont fort nombreux, et il les renferment le soir dans des enceintes en palissades qui rappellent les parcs en tapades de leurs ancêtres rouges.

Tous ces soi-disant Foulbé sont parfaitement ivrognes et enne-
mis de l'islamisme.

2. *Khasso*. — Dans un assez grand nombre de familles du
Khasso on remarque un type intermédiaire au Poullo et au nègre.
Une peau assez claire, des traits agréables bien que tendant
quelquefois au prognathisme, de la finesse des attaches etc.
Mais le reste de la population est mandingue pure ou retournée
au type nègre.

La langue, les croyances, les vêtements, la parure sont entiè-

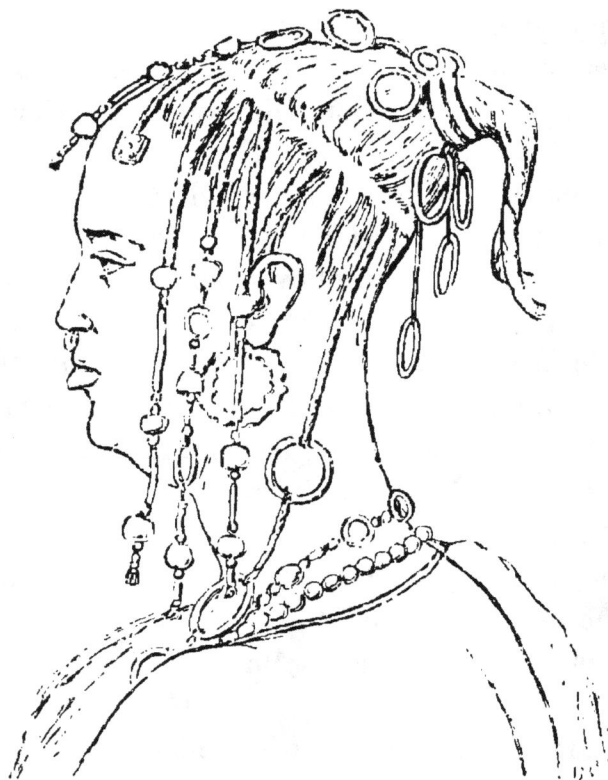

Fig. 12. Portrait de femme Phoul, dessiné d'après nature, par M. Vallières.

rement mallinké. Mais au point de vue psychique le Khassonké
paraît avoir un caractère spécial ni phoul ni mandingue.

Son intelligence est assez vive, plus vive que celle des Mandingues. Les gens sont plus gais et ont des mœurs plus faciles et

plus légères que leurs voisins. « Une femme qui ne sait pas gagner quelque chose en dehors de ce que lui donne son mari et à l'insu de ce dernier n'est qu'une bête », est un proverbe khassonké.

Les Khassonké sont astucieux et l'on dit volontiers dans toute la Sénégambie : « Menteur ou voleur ou lâche comme un Khassonké » expressions proverbiales assez justifiées. Il sont en outre ivrognes, mous et vaniteux, mais généralement propres et coquets; les femmes passent la moitié de leur journée dans l'eau à se laver au savon.

Le peuple du Khasso provient du croisement des Foulbé avec les Mandingues, Malinkés, Bamanas, Soninkés. Il y a en outre quelques croisements avec des Maures de différentes tribus, mais en proportion assez faible.

3. *Fouta-Sénégalais.* — Parmi les groupes de métis foulbé, celui du Fouta est un des plus connus, tant à cause de sa situation au milieu de nos établissements qu'à cause de son importance politique. Il n'est pas douteux en effet que, comme l'ont déjà montré le docteur Barth et le général Faidherbe, c'est de la Sénégambie que sont partis les peuples foulbé (ou mieux métis foulbé) qui ont établi leur domination sur près des deux tiers du Soudan.

Ce sont donc pour cette raison les Foutankobé qui ont le plus généralement servi de modèles dans les descriptions ethnographiques et anthropologiques. Aussi est-ce dans leur étude qu'il faut apporter le plus de sévérité, le plus de précision. C'est ici que nous trouverons le plus de causes d'erreurs; c'est ici qu'est la clef de l'ethnographie, que se sont produites presque toutes les divisions en groupes, castes, tribus.

*Caractères physiques des Toucouleurs.* — Au point de vue des caractères physiques il est difficile de décrire un type de Toucouleur[1]; on observe toutes les variétés qui se peuvent imaginer

1) Je ne ferai que mentionner les diverses explications du mot toucouleur sans d'ailleurs prendre parti, la chose ne me paraissant avoir aucune importance puisque le mot n'est (au moins aujourd'hui) usité que par les Européens et

entre le Nègre et le Poullo pur. On peut cependant dire qu'il y a une assez bonne partie de la population qui jouit d'un type moyen entre les deux progéniteurs : figure plus agréable, formes plus fines, attaches plus délicates que le nègre; mais peau plus noire que le Poullo avec cheveux crépus, lèvres assez épaisses.

*Caractères psychiques des Toucouleurs.* — Au point de vue moral le Toucouleur a-t-il un caractère spécial ? La question est délicate et l'on n'y doit répondre qu'avec de nombreuses réticences. Peut-être avant d'aller à Ségou eussé-je répondu par l'affirmative sans hésiter. Mais depuis que j'ai vu les Talibé d'Ahmadou, les anciens Talibé d'El Hadj Omar, les uns Toucouleurs, les autres Wolofs, les autres Soninkés, quelques uns Mallinkés et Bambaras être tous animés du même esprit, je crois que l'on doit hésiter beaucoup, et ne pas oublier la part que peut avoir la constitution en un corps de nation.

Toutes les fois qu'il m'arrive de penser aux Toucouleurs et que j'essaie de définir leurs caractères psychiques, je songe malgré moi aux populations métisses qui peuplent aujourd'hui les républiques hispano-américaines et les Antilles françaises. Peuples remuants, parleurs, ayant besoin de l'ostentation, avec une intelligence assez vive, une certaine politesse, de l'indolence, de l'inaptitude à l'organisation solide, un vif désir de changements, une foi assez chaude mais surtout extérieure et de pratique dans leur religion. En un mot quelque chose de la race blanche et beaucoup de la race nègre.

Les hispano-américains ont fait la guerre d'indépendance, comme les Toucouleurs ont conquis une bonne partie de l'Afrique tropicale du Nord, poussés par de fort beaux et bons sentiments; mais ils en sont restés là, ou à peu près, faute d'être jusqu'à aujourd'hui capables d'un effort soutenu qui ne soit pas excité par un mouvement passionnel.

quelques Wolofs. — Pour les uns Toucouleur viendrait de Tekrour, pour d'autres de Toucoural (nom ancien du Fouta), cette seconde explication peut d'ailleurs peut-être se rattacher à la première; pour d'autres enfin ce mot vient de l'anglais.

*La population des pays toucouleurs est complexe.* — D'ailleurs, et ici nous entrons dans le vif de notre sujet, la population du Fouta (et des royaumes Foulbé par conséquent) est loin d'être une population simple. Nous allons essayer de le montrer en négligeant la plus grande partie de l'ethnographie qui n'a rien de caractéristique pour nous attacher uniquement à l'étude de certains groupes ou castes ou tribus.

*Les Hal Poular.* — Il faut remarquer avant tout que les Fou-tankobés, bien qu'ils aiment à se vanter de leur origine phoule souvent controuvée, se donnent au moins aussi fréquemment que le nom de Foulbé le titre beaucoup plus modeste de *Hal Poular*, ce qui veut dire seulement : gens qui parlent la langue *phoul ; hal* est la racine qui veut dire parler, racine que nous retrouvons dans le verbe *haldé*. Et cette interprétation de l'expression *hal-poular* n'est pas de moi seul ; beaucoup de Tou-couleurs me l'ont confirmée.

*Le Dimar. Exemple de complexité de la population.* — Pre-nons donc un pays qui, à trois ou quatre villages près, est géné-ralement décrit comme Poullo ou Hal Poular, le Dimar qui forme notre cercle de Dagana. Quelle est en réalité la population qui l'habite ? Si nous l'examinons avec soin, nous y trouverons trois éléments distincts et faciles à reconnaître : 1° des Foulbé pasteurs qui, sous l'influence de notre autorité et du besoin, sont en train de se fixer un peu et de se livrer à quelques cultures ; leurs chefs portent le titre de Ardo ; 2° des cultivateurs Hal Poular, entière-ment sédentaires, dont les chefs portent volontiers le titre de Eliman (El-Iman) ; ce sont les descendants des Foutankobé qui ont autrefois conquis le Dimar ; 3° des Wolofs de deux prove-nances ; les uns sont les descendants des gens qui à l'époque de la conquête sont restés dans le pays ; d'autres sont des gens qui plus tard, à l'époque de la domination des Almamys, ont émigré de la rive droite pour échapper aux persécutions des Maures.

Il faut d'ailleurs remarquer que, si tous les éléments se déclarent *Hal Poular*, la confusion dans leur esprit ne va pas plus loin ; ils savent parfaitement se distinguer les uns des autres, se détestent et se méprisent.

L'analyse pourrait être poussée plus loin, et si nous reprenions le deuxième groupe nous pourrions y déceler la présence de plusieurs éléments encore, comme nous le verrons.

J'ai pris l'exemple du Dimar, mais on retrouverait exactement la même chose dans le Fouta où l'on voit des Foulbé, des Toucouleurs issus de Foulbé, des Wolofs et des Mandingues se distinguant toujours parfaitement les uns des autres.

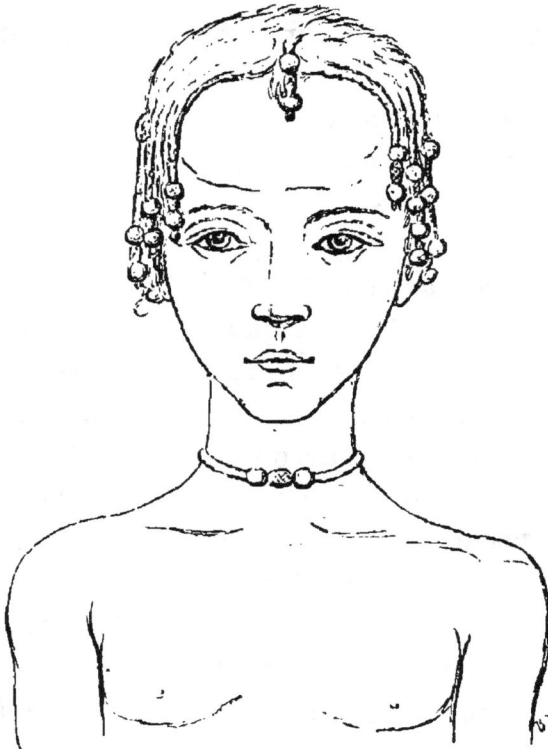

Fig. 13. Portrait de jeune fille Toucouleur, dessiné d'après nature, par M. Vallières.

*Différence des titres des chefs.* — Cette distinction se trouve quelquefois marquée dans les titres que portent les chefs des vilages. C'est ainsi que jamais un chef phoul pasteur ne s'appelle autrement que Ardo; qu'il n'y a qu'un individu d'origine **Wolofe** pour prendre les titres de Boumi ou de Farba [1].

*Importance des noms de famille.* — Le docteur Quintin, dans un travail relativement récent, dont nous n'avons pas pu profiter malheureusement, car il nous eût évité certains tâtonnements, a montré sur place l'importance qu'il y a à rechercher les noms de famille des peuples de la Sénégambie. Il fait justement observer que des nègres de différentes races ont pu se réunir sous un même drapeau, former des peuplades nouvelles sous un même nom et combattre leurs frères; mais que toujours ils ont su garder leur nom de famille (Sant des Wolofs; Jettodé des Phouls; Diammou des Soninké) qui leur sert toujours à se différencier les uns des autres. Ce fait est extrêmement important, car il peut servir de fil conducteur dans l'étude de l'ethnographie des peuples complexes et à découvrir les réactions ethnographiques des races les unes sur les autres.

*Importance des Castes.* — Mais cette étude des noms est comme un de ses corollaires naturels et obligatoires, il est évident qu'il faut ajouter l'étude des castes; car ces castes sont des groupes fermés, on n'en peut point sortir et ils ne se recrutent que par l'hérédité, d'où la conséquence que si dans un peuple nous trouvons que telle ou telle caste a des noms appartenant tous à une autre race, nous serons en droit de conclure que telle ou telle profession a été introduite et continue à être exercée par ces étrangers et qu'elle n'existait pas dans l'ethnographie primitive du peuple que nous étudions.

Nous allons donner quelques exemples de ces faits; regrettant d'être arrivés trop tard à cette conception pour pouvoir recueillir des renseignements plus complets. Tels qu'ils sont, ils nous paraissent déjà suffisants pour encourager dans cette voie de re-

---

1) Ces titres sont d'origine wolofe et nous les retrouvons à une époque reculée dans le Saloum entre autres pays wolofs. Par exception le titre de *Farba* se donne aussi à des griots ou forgerons qui ont acquis une haute situation dans les pays toucouleurs.

cherches, qui nous paraît la plus capable d'amener à démêler le chaos ethnographique des pays toucouleurs.

*Castes des Fouta.* — Au Fouta les castes sont très nombreuses. Nous allons énumérer toutes celles que nous connaissons, bien que nous n'ayons pas de renseignements sur toutes. Outre les familles nobles sortant de différentes souches et changeant suivant les localités; et la classe moyenne, ordinaire composée de pasteurs (Foulbé vrais) de cultivateurs et de pêcheurs (singulier, *T'iouballo;* pluriel, *Soubalbé*) nous citerons :

Les Bambabé et les Griots, deux classes de musiciens;

Les Laobé, les forgerons, les cordonniers ou ouvriers en cuirs;

Deux classes de tisserands, les Griots rangés et les Mabé, puis les Finanké ou Finankobé; les Tiopourtabé [1].

Déjà le nombre des castes et surtout le doublement de celle des musiciens et de celle des tisserands doivent attirer l'attention.

Nous avons déjà parlé des Laobé et des Bambabé et nous avons déjà fait remarquer, pour les premiers, qu'un grand nombre de familles avaient des noms de Sant Wolof et que le type phoul s'était presque toujours complètement perdu chez eux. Je ne doute pas qu'il n'en soit de même des Bambabé, mais je n'en ai point connu.

Les Finanké correspondent aux Finanké ou Founé des Mandingues. *Leurs noms de famille sont d'ailleurs toujours Mandingues* (Soninké). Ils exercent quelquefois le métier de dioula, celui d'agents des chefs; les femmes teignent à l'indigo.

Les Tiopourta sont les Selmbous ou Niolé des Wolofs. Pour les Griots (Gaoulo, Haouloubé) il est très important de remarquer que l'on retrouve chez eux la division *spéciale aux Wolofs* en

---

1) Je n'ai pas cité la caste des esclaves qui existent là comme chez les Wolofs et les Mandingues, formant les mêmes catégories. Je dois cependant m'inscrire en faux contre l'opinion souvent émise qui attribue aux Foulbé les roumdé ou villages d'esclaves. Cette institution existe chez toutes les races sénégambiennes. Il n'y a guère que les Foulbé pasteurs qui ne l'aient pas, probablement parce que leurs esclaves sont trop peu nombreux.

Griots menant une vie régulière et exerçant généralement la profession de tisserands, et Griots ordinaires, chanteurs et musiciens. Il semble qu'à défaut des noms de famille, ce fait peut déjà nous éclairer sur leur origine.

Tandis que les Wolofs n'ont pas de caste (mais seulement une classe) de tisserands, les Toucouleurs du Fouta en ont une. Elle ne comprend d'ailleurs que deux familles qui toutes deux portent des noms mandingues. Les Mabé chantent en tissant sur une rythme qui se nomme Guilleré ou D'illéré.

Je n'ai malheureusement rien sur les forgerons ni sur les cordonniers. Il faut remarquer que les castes inférieures d'origine étrangère n'ont jamais pu recevoir de sang phoul à cause de leur infériorité même et ont toujours du forcément rester purement nègres. Je doute que les forgerons aient des noms phouls, parce qu'un très bon observateur, Hecquart, bien que non prévenu en faveur des idées que je défends, fait remarquer qu'au Fouta-D'ialon les forgerons sont tous des Mandingues. Il doit y avoir quelque chose d'analogue au Fouta Sénégalais, où je connais d'ailleurs des familles de forgerons à nom soninké.

Si nous sortons des castes proprement dites pour passer à l'examen de certaines classes, nous trouverons des faits analogues.

Les Tiouballo ou mieux les Soubalbé, les pêcheurs, ont presque tous sinon tous des noms de familles wolofs ; ce sont des N'diaye, des Sar, Diop, Diaw, etc.

Parmi les cultivateurs les noms wolofs et mandingues sont aussi extrêmement nombreux.

*Torobé.* — Outre les castes et les classes il existe certains groupes particuliers comme les Torodos (correctement Torobé) ; les Koliabé, les Diawanbé qui, sans être réellement des castes au début, le sont pour ainsi dire devenus aujourd'hui.

Les Torodos sont très connus parce que dans la majeure partie des royaumes Foulbé (!) ils ont acquis ou occupé dès le début une situation prépondérante, ainsi que le remarquait Barth. Mais, avec le docteur Quintin dont je ne connaissais malheureusement pas le travail, et pour cause, au moment où je recueillais mes observations, je ferai remarquer que les Torobé sont peut-être les moins phouls des peuples de langue phoule.

Au début les Torobé étaient uniquement des Wolofs ; ce sont les gens qui quittèrent le Toro pour échapper au joug des Dénianké et émigrèrent en masse sur la rive droite du fleuve auprès des Maures avec lesquels ils contractèrent quelques alliances et qui les convertirent à l'islamisme. A leur retour au *Fouta* ou à leur arrivée chez les peuples de langue phoule de l'est ils acquirent une grande influence, et cela est dû à deux raisons : 1° à leur position sociale élevée ; ils appartenaient tous à l'aristocratie wolofe, et la noblesse a un grand prestige chez les noirs qui s'ingénient sans cesse à établir des échelles d'équivalence entre les familles des diverses races ; 2° à leur situation de convertis convertisseurs qui les mettait seuls à même de fournir au début les marabouts.

Il faut ajouter à ce que nous venons de dire un fait qui leur est spécial, leur mode de recrutement. Aujourd'hui en effet les Torobé sont pour ainsi devenus une caste d'un peuple qu'ils étaient au début ; mais cette caste n'est point fermée. Je tiens en effet de bonne source et de plusieurs informateurs que lorsqu'un Torodo a un talibé (un élève), qui lui donne de la satisfaction par la façon dont il sait son Qoran, un talibé qui promet de faire un bon t'ierno (marabout) il essaye toujours de l'attacher à sa famille par une alliance. Le Talibé, qu'il soit Wolof ou Mandingue pur, devient un *Torodo*. Et cela se fait même pour des esclaves que l'on affranchit.

Les noms de famille des Torobé sont, on le comprend d'après ce que nous venons de dire, en très grande majorité wolofs. Le chef actuel de Ségou, Ahmadou, est un Tall, nom wolof ; son favori Seydou-D'iélia a au contraire un nom soninké.

*Koliabé et Gallounkobé.* — Les Koliabé qui forment un groupe important dans le Fouta et les Gallounkobé, moins connus, portent tous des noms de famille wolofs ; d'ailleurs de même que chez les Torobé, et plus encore, le type phoul est rare chez eux.

— Les Koliabé sont en effet des esclaves et des tributaires des
. chefs de la famille de Koli, le premier conquérant phoul du Fouta
qui un jour, grâce à leur habitude de la guerre, surent conquérir
leur indépendance et se cantonner pour ainsi dire en corps de
nation dans certains points. Les Gallounkobé reconnaissent
une origine analogue; ce sont les Wolofs restés dans le Toro
et asservis à l'époque de la conquête, qui surent s'affranchir un
jour. On comprend que les alliances aient longtemps été rares
entre ces deux groupes et les familles d'origine phoule. On les
distingue toujours au Fouta comme dans le Ségou et lors des
guerres ils forment avec les étrangers la compagnie, le corps
qu'on appelle le Nguénar.

*Diawanbé*. — Les Diawandou (correctement Diawanbé) forment un autre groupe qui, lui aussi, est actuellement pour ainsi
dire une caste. Généralement dispersés ils forment cependant
dans quelques points du Kaarta, du Ségou, du Guéniékalari la
seule population de quelques villages; ils s'occupent alors assez
volontiers d'élève du bétail en même temps que de cultures.

Isolés ils sont agents et espions des chefs; ils ont une réputa-
tion de menteurs et de calomniateurs; on dit que là où s'introduit
un Diawandou la concorde ne peut durer longtemps. Ils font en
effet volontiers commerce d'invectives comme l'a remarqué Mol-
lien. Quelle est leur origine? Je ne puis en dire qu'une chose,
c'est que la plupart des noms de famille sont incontestablement
wolofs, et que le nom le plus commun chez eux : Daf, a lui aussi
une physionomie wolofe : monosyllabe se terminant et commen-
çant par une consonne.

En voilà assez déjà pour montrer la part énorme qu'ont eu les
Wolof et les Mandingues dans la constitution des peuples Hal
Poular.

Pour nous il est absolument hors de doute, et déjà Barth le
pensait, que dans les Hal Poular, il reste des groupes entiers et
de nombreux individus qui n'ont jamais reçu une goutte de sang
phoul et sont restés des nègres purs.

Pour les autres, comment les mélanges se sont-ils effectués?

Barth nous dit que les Foulbé ne marient pas leurs filles aux individus de la race nègre; cela est possible dans les royaumes de Sokoto et de Gando où ils ne sont les maîtres que depuis un temps assez court; cela est vrai dans le Ségou pour la même raison.

Mais il n'en est pas ainsi au Fouta et surtout il n'en a pas été ainsi autrefois. En effet on ne peut attribuer tous les mélanges à l'esclavage; ces mélanges n'expliqueraient que la dégradation du type phoui chez les Hal Poular à nom phoul et non l'affinement de ceux qui sont d'origine wolofe ou mandingue; car, il faut bien remarquer que seul le nom du père se transmet quoi qu'en aient dit Raffenel et quelques autres auteurs. Raffenel fonde sur l'idée de la transmission de la noblesse par les femmes une théorie de l'amoindrissement des Foulbé au profit de leurs métis. Mais outre qu'il n'a nullement déterminé l'importance de ces métissages, il n'expliquerait point la présence en majorité des noms de *filiation paternelle* Wolofs et Mandingues dans tous les pays toucouleurs. Le seul exemple qui reste aujourd'hui de l'importance de la filiation maternelle est celui du Walo et encore ne s'applique-t-il qu'au Brak. Est-il bien sûr d'ailleurs que ce soit un reste de matriarcat? on pourrait fort bien y voir en présence de la nécessité d'une filiation paternelle restreinte une sorte d'accord survenu entre quelques familles qui se disputaient le pouvoir et qui égalisèrent ainsi plus habilement qu'Étéocle et Polynice leurs droits et leurs chances d'élévation au pouvoir.

Il n'y a évidemment pas eu de difficulté à ce qu'un Torodo du nom de Ndiaye épouse une fille Sow. Et une chose d'ailleurs est venue faciliter ces alliances, l'islamisme. La religion n'a pas créé la polygamie, qui existait déjà dans toutes les peuplades, mais elle a eu une autre importance en définissant la situation des enfants de la concubine esclave, en établissant leurs droits à la filiation paternelle. Les enfants qui naissent des *Tara* sont considérés comme légitimes et on peut s'allier avec eux; mais il n'est pas douteux qu'un père Poullo cédera plus volontiers à un nègre sa fille issue de négresse que sa fille issue de femme poullo. Il est inutile d'indiquer les autres conséquences du fait que nous venons de rappeler et qui sautent aux yeux.

Nous avons négligé une autre classe de mélanges dont nous devons dire quelques mots malgré leur moindre importance : ceux qui ont eu lieu entre Maures et noirs, Maures et métis. — Les El Modin Allah, qui habitent sur la rive droite du fleuve auprès de Matam, reconnaissent cette origine ; mais les traces en sont généralement bien perdues aujourd'hui.

A Aleïbé les mélanges avec les Maures ont été nombreux aussi, un certain nombre de marabouts de cette race s'étant fixés dans ce village.

Je signalerai aussi ce fait sans y insister, n'ayant que des données trop incomplètes, que dans le Damga, chez les gens qui se disent Toucouleurs les noms et mœurs soninké dominent.

Il faut enfin remarquer que ce que nous venons de dire de l'ethnographie et des caractères psychiques des peuples soi-disant Foulbé peut s'appliquer en bonne partie aux caractères physiques, et il est à souhaiter que quelqu'un vienne qui, prenant un village toucouleur, en fasse un recensement exact comme cela a été fait pour d'autres populations.

Nous voici arrivé au terme de cette étude trop courte en ce que les faits qu'il nous a été donné d'étudier sont peu nombreux et que nous ne pouvons par suite espérer d'avoir fait partager nos convictions par tous ; trop longue en ce que, par notre faute sans doute, nous avons dû finir par lasser l'attention à plusieurs reprises ; l'intérêt qui s'attache à une question ne suffisant pas à donner à celui qui l'étudie les qualités nécessaires pour la bien traiter.

ANGERS, IMPRIMERIE BURDIN ET Cⁱᵉ 4, RUE GARNIER.

www.ingramcontent.com/pod-product-compliance
Lightning Source LLC
Chambersburg PA
CBHW060743280326
41934CB00010B/2341